Katia Simon

DEUTSCH-KRIMI

Spannende Fälle lösen und dabei lernen

Klasse 2/3

Cornelsen

Die Autorin:
Katia Simon arbeitet seit vielen Jahren als freie Lektorin und Autorin in den Bereichen Frühpädagogik und Pädagogik für die Grundschule. Außerdem schreibt sie seit über 15 Jahren Geschichten für Kinder, die in verschiedenen Verlagen veröffentlicht wurden.
Unter katia-simon.de ist sie mit ihrer Arbeit im Internet zu finden.

Projektleitung: Maren Krüger, Berlin
Redaktion: Juliane Baumann, Berlin
Umschlaggestaltung: Corinna Babylon, Berlin
Umschlagillustrationen: shutterstock/Sonya illustration (Fingerabdruck); shutterstock/Tobias Steinert (Hintergrund)
Illustrationen Innenteil: Liliane Oser, Hamburg; Shutterstock.com/Sonya illustration (Fingerabdruck und Lupe); Shutterstock.com/Tobias Steinert (Hintergrund)
Layout: krauß-verlagsservice, Wassertrüdingen
Technische Umsetzung: Compuscript Ireland and Chennai

www.cornelsen.de

1. Auflage 2024

Druck: Athesiadruck GmbH

ISBN 978-3-589-16942-9

PEFC
PEFC/04-31-1158

PEFC zertifiziert
Dieses Produkt stammt aus nachhaltig bewirtschafteten Wäldern und kontrollierten Quellen.

www.pefc.de

HINWEISE ZUR NUTZUNG DES BUCHES - HINWEISE ZUR NUTZUNG DES BUCHES

Liebe Lehrerinnen und Lehrer, liebe Nachhilfe-Lehrkräfte und Eltern,

in diesem Buch finden Sie fantasievolle und lustige Krimi-Geschichten, die es den Kindern leicht machen, sich spielerisch mit den wichtigen Grammatikthemen der Klassenstufen 2 und 3 zu beschäftigen.

An jede Geschichte schließen sich mehrere Aufgaben an, die die Kinder direkt auf den Seiten bearbeiten können. Darin kommen die Schülerinnen und Schüler der Lösung des jeweiligen Falles auf die Spur und sie befassen sich zugleich mit dem jeweiligen Grammatikthema.

Das Buch bietet Ihnen die Option, die Aufgaben jeweils zu differenzieren: Falls Kinder bei der Lösung Unterstützung brauchen, können sie hinten im Buch Tipps und Hinweise in folgender Staffelung erhalten:

1. Tipps und Hinweise 1,
2. Tipps und Hinweise 2 bzw. Regeln,
3. Lösungen.

Diese Unterstützungsoptionen können Sie flexibel einsetzen und den Kindern nach Bedarf zur Verfügung stellen – vielleicht also auch gar nicht. Auf diese Weise können die Geschichten in diesem Buch zusammen mit den Aufgaben den Unterricht in der Schule sinnvoll unterstützen.

Viel Freude mit den Deutsch-Krimis!

DER VERZAUBERTE SCHULHOF

In dieser Woche ist in Minas Schule überhaupt nichts normal. Was ist denn da los? Pass auf!

Als Mina am Montag verschlafen durch das Schultor geht, reibt sie sich die Augen. Was ist das denn? Der ganze Schulhof ist mit Eis bedeckt. Dabei ist doch Sommer! Auf dem Klettergerüst liegt echter Schnee. Mina fasst ihn an. Die Hausmeisterin saust auf Schlittschuhen lachend vorbei. Sie drückt Mina ein Wassereis in die Hand.

Am Dienstagmorgen regnet es auf dem Pausenhof. Mina fühlt sich wie unter der Dusche. Rundherum strahlt die Sonne. Über der Schule hängen Regenwolken. Und darüber spannt sich ein Regenbogen am Himmel. Der Lehrer der 4b stapft mit Flossen und Taucherbrille an ihr vorbei. In einer Pfütze schwimmen Goldfische.

Am Mittwoch ist Mina gespannt. Was sie wohl heute erwartet? Ein echter Dschungel! Riesige Bäume und bunte Pflanzen stehen dort, wo vorher die Schaukeln waren. Ein Pfau wippt mit einem Papagei. Am Klettergerüst entdeckt Mina ein Faultier. Die Direktorin schwingt sich fröhlich an einer Liane von Baum zu Baum.

Am Donnerstagmorgen ist der Schulhof ein Streichelzoo. Süße kleine Ziegen klettern über Felsen und knabbern an Minas Hand. Mina kichert. Meerschweinchen verschwinden quiekend in kleinen Häusern. Eine Schweinefamilie wälzt sich im Sandkasten.

Am Freitagmorgen hat Mina viele Ideen wie der Pausenhof heute aussehen könnte. Aber alles ist wie immer. Mina guckt in jede Ecke. Es ist nicht ein einziger Ziegenköttel zu finden.

Nur ein rot getigerter Kater drückt sich schnurrend am Schultor entlang. Mina hat ihn vorher noch nie gesehen. Er trägt einen winzigen Zylinder auf dem Kopf und zwinkert Mina mit seinem rechten Auge zu. Hat er etwas mit dem verzauberten Schulhof zu tun?

Simon · Deutsch-Krimi 2/3 | 978-3-589-16942-9 | Illustrationen: Shutterstock.com/Sonya illustration (Lupe); Shutterstock.com/Tobias Steinert (Hintergrund)

(1) Mina erforscht die Nomen

Mina fallen viele Wörter zu dem verzauberten Schulhof ein. Aber welche davon sind Nomen?

Umkreise alle Nomen mit einem grünen Stift:

müde • Schulhof • zaubern • Kind • lachen • Eisbahn •
Regen • sausen • Dschungel

(2) Mina erinnert sich

Was war das für eine verrückte Woche! Mina erinnert sich an die einzelnen Schultage und macht sich Notizen.

a. Unterstreiche alle Nomen im Text mit einem grünen Stift.

b. Schreibe die unterstrichenen Nomen auf die Linien unten zu den passenden Wochentagen.

Schreibe jedes Wort nur einmal auf, auch wenn du es öfter unterstrichen hast.

Montag: ______________________________

____

Dienstag: ______________________________

____

Mittwoch: ______________________________

____

Donnerstag: ______________________________

____

Freitag: ______________________________

____

c. Umkreise oben alle Nomen blau, die normalerweise nicht auf einem Schulhof zu finden sind.

(Fortsetzung Aufgabe 3 ► Seite 8)

Simon · Deutsch-Krimi 2/3 | 978-3-589-16942-9 | Illustration: Shutterstock.com/Sonya illustration (Lupe); Shutterstock.com/Tobias Steinert (Hintergrund)

③ Mina macht eine wichtige Beobachtung

Am Freitag sieht der Schulhof aus wie immer. Aber Mina entdeckt einen geheimnisvollen Kater am Schultor.

a. Warum denkt Mina, dass der Kater etwas mit dem verzauberten Schulhof zu tun haben könnte? Was ist richtig? Kreuze an.

◯ Der Kater hat eine Hose an.

◯ Der Kater trägt einen Zylinder.

◯ Der Kater sagt ein paar Worte zu Mina.

◯ Der Kater zwinkert Mina mit seinem rechten Auge zu.

b. Male ein Bild des Katers.

Simon · Deutsch-Krimi 2/3 | 978-3-589-16942-9 | Illustration: Shutterstock.com/Sonya illustration (Lupe); Shutterstock.com/Tobias Steinert (Hintergrund)

PANTOFFELSALAT

Ein verrückter Morgen für die Pinguinklasse. Tomke ________________ (kommen) die Treppe hoch und ________________ (wundern) sich. Viele Kinder ihrer Klasse krabbeln auf dem Boden im Flur herum und schauen sich suchend um. Was ist hier los?

Emra hält die Einhorn-Pantoffeln von Edita in der Hand. Er hat sie in seinem Fach gefunden. Lisa ________________ (liegen) auf dem Boden und ________________ (gucken) verzweifelt unter das Regal. Sie ________________ (finden) ihre Fußball-Hausschuhe nicht.

Hängen da an der Lampe Sams blaue Blinkeschuhe? Das ________________ (sehen) lustig aus. Tomke ________________ (beobachten) wie Frau Feder auf einen Stuhl ________________ (steigen). Mit dem Besenstiel ________________ (versuchen) die Lehrerin verzweifelt, Sams Pantoffeln nach unten zu schubsen. Die Lampe ________________ (wackeln) wie verrückt. Aber Frau Feder ________________ (schaffen) es nicht. Die blinkenden Hausschuhe bleiben oben.

Jetzt ________________ (entdecken) Tomke ihre Pantoffeln. Sie stecken in den Blättern der Palme.

Tomke ________________ (kratzen) sich am Kopf: „Jemand hat alle Pantoffeln der Pinguinklasse ________________ (vertauschen)! Aber wer?“

(Fortsetzung ► Seite 10)

Simon · Deutsch-Krimi 2/3 | 978-3-589-16942-9 | Illustrationen: Shutterstock.com/Sonya illustration (Lupe); Shutterstock.com/Tobias Steinert (Hintergrund)

Da hören die Kinder plötzlich ein Kichern. Das Geräusch ________________ (kommen) aus der Heizung. Kann das sein? Jetzt ________________ (kichern) es aus der Steckdose neben der Tür. Tomkes Spürsinn ________________ (erwachen). Hat das Kichern etwas mit den Pantoffeln zu tun? „Wer ist da in der Wand?“, ________________ (rufen) Emra. Jetzt klopft es aus dem Waschbecken und ein Schatten huscht über die Wand.

„Das kann doch nur ein Gespenst sein!“, ruft Tomke.

Simon · Deutsch-Krimi 2/3 | 978-3-589-16942-9 | Illustrationen: Shutterstock.com/Sonya illustration (Lupe); Shutterstock.com/Tobias Steinert (Hintergrund)

1 Wer hat bloß den Pantoffelsalat veranstaltet?

Die Kinder haben einiges zu tun, bevor Frau Feder mit der Stunde anfangen kann. Doch nicht nur die Pantoffeln sind nicht dort, wo sie hingehören.

In der Geschichte fehlen die Verben (Tunwörter). Ergänze die Verben in der richtigen Form, sodass sie zu den Personen passen.

2 Tomke erforscht, was passiert ist

Tomke vermutet, dass das Kichern aus der Heizung und der Steckdose und der geheimnisvolle Schatten etwas mit den vertauschten Pantoffeln zu tun haben.

Lies die folgenden Hinweise. Unterstreiche die Verben in der Einzahl grün und die Verben in der Mehrzahl blau.

Alle Kinder suchen ihre Pantoffeln.
Frau Feder hilft den Kindern bei ihrer Pantoffel-Suche.
Die Schülerinnen und Schüler sind ratlos.
Jemand kichert in der Heizung und der Steckdose.
Alle wundern sich über das Kichern.
Es klopft hinter dem Waschbecken und ein Schatten huscht über die Wand.
Ein Mensch war das nicht.
Es ist ein Gespenst, oder?

Simon · Deutsch-Krimi 2/3 | 978-3-589-16942-9 | Illustration: Shutterstock.com/Sonya illustration (Lupe); Shutterstock.com/Tobias Steinert (Hintergrund)

DER VERSCHWUNDENE FAHRRADSCHLÜSSEL

Heute kommt Herr Engelbert zu spät. Er erzählt der Eulenklasse: „Ich musste zur Schule laufen. Mein Fahrradschlüssel ist nämlich verschwunden. Ich habe ihn überall gesucht. Ich komme einfach nicht darauf, wo er ist." Der Lehrer kratzt sich am Kopf.

Die Kinder möchten helfen. Sie sind schließlich gute Detektivinnen und Detektive. Lisa fragt Herrn Engelbert: „Wann haben Sie den Schlüssel denn das letzte Mal gesehen?"

„Gestern!" antwortet Herr Engelbert. „Das war so:

Es war eine sonnige Nacht. Nach dem Anfang des Unterrichts bin ich wie immer im Winter zum Freibad gefahren.

Dort habe ich mein Rad abgestellt. Ich bin mit vielen anderen Kindern im tiefen Becken geschwommen. Nach so viel Ausruhen brauchte ich erst einmal eine Pause. Da hatte ich Pech und habe meinen besten Feind getroffen. Wir haben zusammen ein Eis im Mondschein gegessen. Das tut bei der Kälte besonders gut.

Als ich wieder zu Hause war, habe ich mein Fahrrad auf dem Dachboden abgestellt und es abgeschlossen. Da hatte ich den Schlüssel noch am Fuß.

Dann habe ich am Briefkasten meine Nachbarin Jenny mit ihrem kleinen süßen Hunde-Opa getroffen. Den Hund habe ich natürlich gestreichelt. Wir sind zusammen spazieren gegangen. Alle meine Sachen habe ich deshalb hinter die Haustür in den Flur gelegt. Wir wollten nämlich auf das Tal laufen und meine Tasche war wegen der Trockenheit in den Sachen total schwer. Die wollte ich nicht mitnehmen. Als ich nach dem Spaziergang zu Hause war, bin ich direkt ins Bett gefallen und eingeschlafen. Und heute Morgen war mein Schlüssel weg."

Herr Engelbert hebt ratlos die Hände.

Esma meldet sich. „Ich weiß, wo Ihr Fahrradschlüssel ist!"

Simon · Deutsch-Krimi 2/3 | 978-3-589-16942-9 | Illustrationen: Shutterstock.com/Sonya illustration (Lupe); Shutterstock.com/Tobias Steinert (Hintergrund)

① Gegenteile finden

Kennst du von allen Wörtern das passende Gegenteil? Unterstreiche die richtige Antwort immer grün.

Das Gegenteil von Himmel ist ...

a. Erde

b. Wolke

Das Gegenteil von Keller ist ...

a. Dachboden

b. Schornstein

Das Gegenteil von Wärme ist ...

a. Kälte

b. Hitze

② Auch Bilder haben Gegenteile

Verbinde immer die Gegenteile miteinander.

(Fortsetzung Aufgaben 3 und 4 ► Seiten 14 und 15)

Simon • Deutsch-Krimi 2/3 | 978-3-589-16942-9 | Illustrationen: Cornelsen/Liliane Oser; Shutterstock.com/Sonya illustration (Lupe); Shutterstock.com/Tobias Steinert (Hintergrund)

③ Esma zweifelt an der Geschichte von Herrn Engelbert

Esma hat sofort gemerkt, dass in der Geschichte von Herrn Engelbert nicht alles stimmt. Er hat oft das Gegenteil gesagt von dem, was er meint.

Hilf Herrn Engelbert seinen Fahrradschlüssel zu finden. Notiere unten zu jedem unterstrichenen Wort aus dem Text das Gegenteil. Lies noch einmal die Geschichte. So findest du heraus, welches Wort passt.

Nacht – ____________________

Anfang – ____________________

Winter – ____________________

Kindern – ____________________

Ausruhen – ____________________

Pech – ____________________

Feind – ____________________

im Mondschein – ____________________

Kälte – ____________________

auf dem Dachboden – ____________________

am Fuß – ____________________

Opa – ____________________

das Tal – ____________________

Trockenheit – ____________________

Wortspeicher:
Baby • Erwachsenen • Freund • in der Hand • in der Sonne • Wärme • im Keller • Tag • Ende • Sommer • den Berg • Nässe • Bewegung • Glück

Simon · Deutsch-Krimi 2/3 | 978-3-589-16942-9 | Illustration: Shutterstock.com/Sonya illustration (Lupe); Shutterstock.com/Tobias Steinert (Hintergrund)

④ Esma auf der Spur des Fahrradschlüssels

Esma sagt: „Ich weiß, wo der Fahrradschlüssel ist!“

Hast du auch eine Idee, wo der Schlüssel sein könnte? Wo würdest du nach ihm suchen, wenn du Herr Engelbert wärst?

Ich glaube, der Fahrradschlüssel ist ______________________________

____

Wenn du keine Idee hast, lies noch einmal den letzten Abschnitt der Geschichte. Wo verliert Herr Engelbert den Fahrradschlüssel aus den Augen?

Simon · Deutsch-Krimi 2/3 | 978-3-589-16942-9 | Illustration: Shutterstock.com/Sonya illustration (Lupe); Shutterstock.com/Tobias Steinert (Hintergrund)

DER STURM IM KLASSENZIMMER

Es ist gemütlich im Kunstunterricht der 2b. Die Kinder falten, kleben und bemalen Drachen für die Herbst-Dekoration. Jeder Drachen sieht anders aus. Es sind schöne Kunstwerke.

Frau Lund liest den Kindern Gespenster-Geschichten vor. Gerade wird es darin richtig spannend: Das tapfere Gespenst Kunibert schwebt durch eine Wand im Schloss. Er schleicht sich an eine Kindergruppe heran, um sie zu erschrecken.

Da gibt es plötzlich einen lauten Knall im Klassenzimmer. Die Fenster und die Tür klappen weit auf. Ein kalter Windstoß fegt durch das Zimmer. Die Kinder zucken zusammen. Der Wind pustet durch die Haare und hebt alle Kunstwerke in die Luft. Die bunten Drachen fliegen von den Tischen und wirbeln im Klassenraum herum. Rasch schließt Frau Lund die Fenster wieder. Alle schönen Kunstwerke liegen nun durcheinander im Raum.

Benni ruft: „Das kann doch nur das Gespenst Kunibert aus der Geschichte gewesen sein!“ Alle reden wild durcheinander. Wer hat diesen Sturm ins Klassenzimmer gebracht?

„Wir haben jetzt jedenfalls viel zu tun“, sagt Frau Lund. Sie hebt zwei Drachen hinter dem Pult auf. „Wem gehören die?“

Da schaut die Hausmeisterin Frau Herbst durch die Tür. „Hallo. Ich habe kurz das Fenster im Flur geöffnet, damit ein bisschen frische Luft reinkommt.“ Dann schließt sie die Tür wieder.

Die Kinder und Frau Lund schauen sich an und müssen lachen.

„Benni, da hast du deinen Kunibert!“, sagt Frau Lund. „Frau Herbst hat den Durchzug verursacht!

Simon · Deutsch-Krimi 2/3 | 978-3-589-16942-9 | Illustrationen: Shutterstock.com/Sonya illustration (Lupe); Shutterstock.com/Tobias Steinert (Hintergrund)

(1) Wie ist es heute in der 2b?

In der Klasse 2b ist viel los. Die Kinder erleben einen aufregenden Vormittag.

Ergänze die passenden Adjektive in den Sätzen. Sie beschreiben den Vormittag.
Tipp: In der Geschichte findest du die richtigen Adjektive.

Im Klassenraum ist es ____________________.

Die Geschichte, die Frau Lund vorliest, ist ____________________.

Das Gespenst Kunibert ist ____________________.

Der Knall ist ____________________.

Der Wind ist ____________________.

Die Drachen sind ____________________.

(2) Die Kinder sortieren die Drachen

Die Hausmeisterin Frau Herbst hat Durchzug verursacht. Durch den Windstoß sind alle gebastelten Drachen durcheinandergeflogen. Zum Glück haben die Kinder sich gut gemerkt, wie ihre Drachen aussehen. Hilf Frau Lund dabei, jedem Kind den richtigen Drachen zu geben.

Unterstreiche in den Sätzen die Adjektive. Verbinde jede Sprechblase mit dem passenden Drachen.

Mein Drachen ist klein. Er hat ein gezacktes Muster.

Mein Drachen ist größer als alle anderen. Er ist gepunktet.

Mein Drachen ist zerknittert.

Mein Drachen ist gestreift und hat große Schleifen am Schwanz.

Mein Drachen ist lustig und hat große Augen.

Mein Drachen hat einen kurzen Schwanz. Er hat ein Muster aus Herzen.

Simon · Deutsch-Krimi 2/3 | 978-3-589-16942-9 | Illustrationen: Cornelsen/Liliane Oser; Shutterstock.com/Sonya illustration (Lupe); Shutterstock.com/Tobias Steinert (Hintergrund)

AUF GEREIMTER SCHATZSUCHE

Frau Friese lächelt geheimnisvoll. Sie wedelt mit einem großen Umschlag und legt ihn auf das Pult. „Ihr habt Post bekommen“, sagt sie.

Ein Brief für uns? Was ist das für ein Brief? Wer hat ihn geschrieben? Aufgeregtes Gemurmel schwebt durch die Klasse. Frau Friese hat die Aufmerksamkeit der Kinder. Sie öffnet den Umschlag und liest vor:

„Löst mein Rätsel, ihr habt es entdeckt,
der Weg zum Schatz im Reim sich ________________.“

Frau Friese macht eine geheimnisvolle Sprechpause. Das ist ein Rätselreim! Viele Finger recken sich in die Höhe.

„Versteckt!“, Simon weiß welches Wort im Reim fehlt. „Der Weg zum Schatz im Reim sich *versteckt*.“

„Es gibt einen Schatz“, ruft ein Kind.

„Und wir finden ihn mit Reimen. Super!“, Ava freut sich.

Das Reimen geht sofort weiter. Frau Friese liest vor:

„Hier draußen im Flur geht es los.
Wo ist das Rätsel denn ________________?
Lasst uns den nächsten Reim aufspüren.
Ihr findet ihn hinter gläsernen ________________.“

Bald stürmen die ersten Kinder aufgeregt in den Flur. Sie haben den Reim schnell erraten.

Am angegebenen Ort findet die Klasse gemeinsam einen weiteren Umschlag mit einem neuen Rätselreim. Frau Friese liest ihn wieder vor:

„Ihr seht hier keine Gespenster.
Das nächste Papier klebt unter ’nem ________________.
Dreht euch um und geht zehn Schritte.
Es ist das kleine ________________ in der ________________.“

Die Kinder drehen sich um und gehen los. Dabei zählen sie.

(Fortsetzung ► Seite 19)

Simon · Deutsch-Krimi 2/3 | 978-3-589-16942-9 | Illustrationen: Shutterstock.com/Sonya illustration (Lupe); Shutterstock.com/Tobias Steinert (Hintergrund)

„Da ist der Umschlag“, Simon ruft es als Erster. Frau Friese öffnet den geheimnisvollen Brief.

Die nächsten Rätsel führen die Klasse durch das ganze Schulgebäude. Bald erreichen sie den Schulhof. Am Treppengeländer vor der Schultür wartet ein letztes Rätsel auf die Klasse. Frau Friese liest vor:

„Heute ist es wirklich heiß,
da wäre schön, ein kaltes ____________________.
Er ist nah, der kalte Traum.
Lauft zum großen Kastanien ____________________.“

Die Kinder rennen los. Jetzt gibt es kein Halten mehr. Sie entdecken hinter der großen Kastanie eine Kiste. Sie ist eine Kühlbox. Die Kinder jubeln erwartungsvoll. Frau Friese öffnet die Box. Die ist bis oben hin gefüllt mit Eis! Die Kinder rufen „Ah!“ und „Oh!“. Jedes Kind bekommt ein Eis. Auch für Frau Friese ist ein Eis dabei und für den Hausmeister Herrn Lämmermeier der zufällig vorbeikommt.

„Es bleibt nur ein Rätsel offen“, überlegt Ava. „Wer hat den Schatz für uns denn nun versteckt?“

Frau Friese lächelt geheimnisvoll.

Simon · Deutsch-Krimi 2/3 | 978-3-589-16942-9 | Illustrationen: Shutterstock.com/Sonya illustration (Lupe); Shutterstock.com/Tobias Steinert (Hintergrund)

1 Falsche Reimwörter

Welches Wort in der Reihe reimt sich nicht mit dem ersten Wort? Streiche es durch.

Haus • Laus • Pause • Maus • Strauß • Applaus
Schiff • Griff • Kliff • Schliff • Riff • Brief
Klasse • Rasse • Kasse • Terrasse • Hose • Tasse
Schatz • Katze • Platz • Satz • Fratz • Schmatz

2 Auf der Jagd nach dem Schatz

Die Klasse von Frau Friese hat geheimnisvolle Post bekommen. In Rätseln werden die Kinder zu einem geheimnisvollen Schatz auf dem Schulhof geführt.

Ergänze die fehlenden Reimwörter in den Lücken in der Geschichte.

3 Dein eigenes Gedicht

Schreibe ein eigenes Gedicht. Du kannst dir selbst überlegen, wovon dein Gedicht handeln soll. Vielleicht von der Person, die die Schatzkiste für die Klasse versteckt hat? Es kann auch ein Quatschgedicht sein.

Wichtig ist nur, dass sich immer zwei Zeilen miteinander reimen.

Simon · Deutsch-Krimi 2/3 | 978-3-589-16942-9 | Illustration: Shutterstock.com/Sonya illustration (Lupe); Shutterstock.com/Tobias Steinert (Hintergrund)

DIE MAGISCHE TAFEL

Mitten in der Mathestunde passiert es. Alles, was Frau Keller gerade an die Tafel geschrieben hat, verschwindet wie von Geisterhand. Die Kinder starren auf die leere Tafel. Darauf erscheint plötzlich eine lange Buchstaben-Reihe:

HEBTDENBRAUNENDECKELUNDIHRERLEBTEINBLAUESWUNDER

„Was ist das?“, ruft Frau Keller überrascht. Schon kommt eine zweite Reihe dazu:

AUFDEMSCHULHOFFINDETIHRMICH

Theas Blick liegt konzentriert auf der Tafel. „Das sind Wörter!“, stellt sie fest.

„Das ist ein Satz. Die Wörter stehen direkt hintereinander. Schaut doch. Da steht: Hebt den braunen Deckel hoch ...“, ruft Jannis.

Der Rest des Satzes ist nicht mehr zu hören, weil die Kinder wild durcheinanderreden. Was ist das für einen Deckel? Da steht Wunder! Ein echtes Wunder? Kann das sein?

Eine weitere geheime Botschaft erscheint:

WARTETDOCHNICHTSOLANGE

Und es kommt direkt noch eine hinterher:

HIERSTINKTESGANZFURCHTBAR

„Da schreibt uns jemand“, stellt Jannis fest.

Frau Keller greift ein Stück Kreide. Sie unterteilt mit Hilfe der Kinder die Buchstabenschlangen an der Tafel mit Strichen. Nun können sie die Wörter erkennen. Bald hat die Klasse die Botschaften entziffert.

(Fortsetzung ► Seite 22)

Simon · Deutsch-Krimi 2/3 | 978-3-589-16942-9 | Illustrationen: Shutterstock.com/Sonya illustration (Lupe); Shutterstock.com/Tobias Steinert (Hintergrund)

„Alles klar. Wir gehen auf den Schulhof und suchen den braunen Deckel“, sagt Frau Keller.

Auf dem Hof sehen sich die Kinder um. Theas Blick bleibt an den Mülltonnen hängen. „Da ist der braune Deckel!“ Sie stürmt los und alle hinterher. An der Bio-Mülltonne kommen sie zum Stehen. Mit zugehaltener Nase klappt Jannis vorsichtig die Tonne auf.

Darin sitzt – es ist kaum zu glauben – ein kleines, flauschiges, blaues Wesen mit großen Augen. Es gibt piepsige Geräusche von sich und streckt seine kleinen Ärmchen nach Jannis aus.

„Nanu, wer bist denn du?“, verblüfft schaut Jannis in die Tonne. Das Wesen piepst weiter. Die Klasse umringt die Mülltonne. „Das blaue Wunder! Ist das niedlich!“, rufen die Kinder. „Hier riecht es ja ganz fürchterlich“, sagt Frau Keller.

Frau Keller setzt das flauschige Wesen vorsichtig in einen Karton und trägt es ins Klassenzimmer. Als der Karton auf dem Pult steht, erscheint eine neue Botschaft an der Tafel:

DANKEFÜRDIERETTUNGICHHABELANGEAUFEUCHGEWARTET

„Es spricht mit uns über die Tafel!“, ruft Thea entzückt. Das blaue Wesen nickt begeistert und klatscht in die Händchen.

HIERISTESGEMÜTLICHKANNICHBEIEUCHBLEIBEN

„Ich glaube, wir haben ein neues Klassentier!“, lacht Frau Keller.

Simon · Deutsch-Krimi 2/3 | 978-3-589-16942-9 | Illustrationen: Shutterstock.com/Sonya illustration (Lupe); Shutterstock.com/Tobias Steinert (Hintergrund)

① Das kleine blaue Wesen wartet auf Rettung

Das blaue Wesen sitzt allein in der Mülltonne. Es sendet geheime Botschaften auf die Tafel. Es wartet darauf, dass die Klasse seine Botschaften versteht.

a. Hilf dem Wesen und entziffere die Wörterschlangen. Wo enden die einzelnen Wörter? Teile sie durch Striche voneinander ab.

HEBTDENBRAUNENDECKELUNDIHRERLEBTEINBLAUESWUNDER

AUFDEMSCHULHOFFINDETIHRMICH

WARTETNICHTSOLANGE

HIERSTINKTESGANZFURCHTBAR

(Fortsetzung Aufgaben 1 und 2 ▸ Seite 24)

Simon · Deutsch-Krimi 2/3 | 978-3-589-16942-9 | Illustrationen: Shutterstock.com/Sonya illustration (Lupe); Shutterstock.com/Tobias Steinert (Hintergrund)

DANKEFÜRDIERETTUNGICHHABELANGEAUFEUCHGEWARTET

HIERISTESGEMÜTLICHKANNICHBEIEUCHBLEIBEN

b. Schreibe die Sätze auf die Linien. Achte darauf, welche Wörter groß und welche klein geschrieben werden.

c. Ergänze das passende Satzzeichen am Ende der Sätze. **Tipp:** Manche Schlangen bestehen aus mehreren Sätzen.

(2) Jannis überlegt

Jannis möchte von der Rettung des blauen Wesens erzählen. Er erinnert sich daran, was passiert ist, und schreibt es auf.

Leider hat Jannis bei ein paar Sätzen die Satzzeichen am Ende vergessen. Ergänze sie!

Frau Keller hat etwas an die Tafel geschrieben
Liest du den Satz vor
Hilf mir
Lasst uns gehen
Was hast du in der Mülltonne gefunden
Ich habe das blaue Wesen zuerst gesehen

Simon · Deutsch-Krimi 2/3 | 978-3-589-16942-9 | Illustration: Shutterstock.com/Sonya illustration (Lupe); Shutterstock.com/Tobias Steinert (Hintergrund)

DER ARMBAND-KLAU

Rosanna kann es nicht glauben. „Es ist weg!" Schon zum zweiten Mal räumt sie ihren Schulranzen aus. Alles war darin war, legt sie auf ihren Tisch: das Schlampermäppchen, das Federmäppchen, die Postmappe, einige Hefter und ihre *doBrseot* ____________________. Rosanna zieht alle Reißverschlüsse auf und schiebt ihre Hand in jedes Eckchen des Ranzens. „Es ist einfach weg!", sagt sie verzweifelt zu ihrer Freundin Natalia. Tränen steigen in Rosannas Augen auf. „Was mach ich denn jetzt?"

„Gib mal!", Natalia greift den Ranzen und schaut in alle Fächer. Sie nickt heftig. „Ich habe genau gesehen, wie du das Armband mit dem *inerSchgmettl* ____________________ wieder in die Seitentasche gesteckt hast. Und die ist jetzt leer. Es ist nirgendwo im Ranzen. Jemand muss das Armband geklaut haben!"

Rosanna nickt und zieht schniefend die *eNsa* ________________ hoch. Natalia reicht ihr ein Taschentuch. „Danke! Wir sagen es Herrn Fried."

„Nee, wir finden selbst heraus, wer der Dieb ist", verkündet Natalia entschlossen.

„... oder die Diebin", ergänzt Rosanna. Sie überlegt kurz und sagt dann: „Ich glaube nämlich, es war Lenja. Sie war vorhin die Letzte, die aus dem *rassenKlaum* ____________________ kam."

„Fragen wir sie doch einfach!", schlägt Rosanna vor.

Die beiden Mädchen schlendern über den *ruFl* ________________ zu Lenja.

„Hast du mein Armband gesehen?", fragt Rosanna sie ganz direkt. „Es ist nämlich verschwunden."

(Fortsetzung ► Seite 26)

Simon · Deutsch-Krimi 2/3 | 978-3-589-16942-9 | Illustrationen: Shutterstock.com/Sonya illustration (Lupe); Shutterstock.com/Tobias Steinert (Hintergrund)

„Ich habe dein Armband nicht gesehen!“ Lenja verschränkt die Arme vor der Brust. „Ich kann das gar nicht gewesen sein. Ich war nicht einmal in der Nähe deiner Sachen. Außerdem mag ich gar keine *inerSchgmettle* ____________________ und wusste gar nicht, dass es in deinem Schulranzen war.“

„Wir holen jetzt Herrn Fried“, sagt Natalia. „Der Fall ist eindeutig!“

Simon · Deutsch-Krimi 2/3 | 978-3-589-16942-9 | Illustrationen: Shutterstock.com/Sonya illustration (Lupe); Shutterstock.com/Tobias Steinert (Hintergrund)

1 Ordne das Chaos

Rosannas Armband ist verschwunden. Zusammen mit Natalia findet sie heraus, wer es geklaut hat.

In der Geschichte sind die Buchstaben in manchen Wörtern durcheinandergeraten. Sie stehen in der falschen Reihenfolge.

a. Unterstreiche diese Wörter im Text.

b. Bringe die Buchstaben in die richtige Reihenfolge und schreibe sie auf die Schreiblinien in den Text.

   Wenn du Platz zum Sortieren der Buchstaben brauchst, nutze die Linien:

   ____

   ____

   ____

   ____

   ____

   ____

2 Ist Lenja die Diebin?

Weshalb ist sich Natalia so sicher, dass Lenja die Diebin ist und das Armband gestohlen hat? Weißt du es?

Schreibe deine Antwort auf. **Tipp:** Mit einer Kleinigkeit hat sich Lenja verraten.

____

____

____

____

(Fortsetzung Aufgabe 3 ► Seite 28)

Simon · Deutsch-Krimi 2/3 | 978-3-589-16942-9 | Illustration: Shutterstock.com/Sonya illustration (Lupe); Shutterstock.com/Tobias Steinert (Hintergrund)

3 Buchstabensalat für Profis

Wer die *Bucshabten* in Aufgabe 1 mit viel Freude richtig sortiert hat, freut sich über noch mehr Buchstabensalat.

a. Bringe die Buchstaben in die richtige Reihenfolge:

räspGech ______

rerLeh ______

klärAufung ______

schuldEntigung ______

gezubenrück ______

genravert ______

b. Schreibe hier mit den sortierten Wörtern dein eigenes Ende für die Geschichte:

Simon · Deutsch-Krimi 2/3 | 978-3-589-16942-9 | Illustration: Shutterstock.com/Sonya illustration (Lupe); Shutterstock.com/Tobias Steinert (Hintergrund)

WO IST DER SCHOKOKUCHEN?

Heute Nachmittag ist Klassentreffen der 3c im Park. Viele Kinder sausen zwischen den Bäumen auf der Wiese herum und spielen. Die meisten Familien sind schon da und haben viel zu schmausen mitgebracht. Linas kleiner Bruder Jonas und Jamils kleine Schwester Emina sind auch dabei.

Auf einem langen Tisch stehen viele Schüsseln und Teller mit Leckereien.

Jonas will mit seiner Schwester spielen. „Ich muss ich mich erst einmal stärken“, erklärt Lina und löffelt ein Schüsselchen mit Erdbeerjoghurt. „Saus doch schon einmal mal los!“

Jonas rennt auf den Spielplatz und klettert die Rutsche nach oben. Emina trödelt am Karussell herum. Jamil schaukelt bis er mit seinen Füßen die Zweige am Baum berührt.

Die Lehrerin Frau Schneider kommt zu spät. Sie hastet den Weg entlang. In der Hand trägt sie einen Teller mit einem Kuchen.

Jamil erkennt ihn gleich. „Ui, das ist Schokokuchen!“, ruft er. „Mein Lieblingskuchen. Den könnte ich in einem Haps verschlingen.“ Er reibt sich den Bauch und purzelt dabei fast von der Schaukel. Lina schaut sich um. Sie hat keine Lust, auf den Spielplatz zu gehen. Aber das ist auch gar nicht nötig. „Verstecken-Fangen!“, ruft Jette, tippt Lina an und rast los. Lina stürmt hinterher.

Die Familien haben einen schönen Nachmittag im Park. Es wird viel gegessen, gespielt und gelacht.

Plötzlich wird es unruhig. „Wo ist denn der Schokokuchen hin?“, ruft Frau Schneider. „Ich habe noch kein einziges Stück genascht. Und jetzt ist der ganze Kuchen weg. Ich hatte ihn doch hier auf den Tisch gestellt!“ Sie marschiert mehrmals um den Tisch. Alle helfen beim Suchen. Aber der Kuchen ist nicht zu finden.

Lina hat eine Idee. Sie bückt sich und hebt die lange Tischdecke hoch.

(Fortsetzung ► Seite 30)

Simon · Deutsch-Krimi 2/3 | 978-3-589-16942-9 | Illustrationen: Shutterstock.com/Sonya illustration (Lupe); Shutterstock.com/Tobias Steinert (Hintergrund)

„Da ist er ja!“, ruft sie und lacht. „Jonas und Emina haben sich den ganzen Schokokuchen geschnappt und futtern den da unten in aller Seelenruhe unter dem Tisch.“

Jonas und Emina kommen unter dem Tisch hervor. Sie haben Schokoschnuten und schauen beschämt auf den Boden. Der Teller mit dem Schokokuchen ist leer. Niemand sagt etwas. Bis Frau Schneider anfängt, laut zu lachen und gar nicht mehr aufhört. Da lachen alle mit.

Simon · Deutsch-Krimi 2/3 | 978-3-589-16942-9 | Illustrationen: Shutterstock.com/Sonya illustration (Lupe); Shutterstock.com/Tobias Steinert (Hintergrund)

① Was auf dem Klassenausflug geschah

Der Klassenausflug der 3c war sehr turbulent. Am Ende ist sogar der leckere Schokokuchen der Lehrerin verschwunden. Zwei Leckermäulchen haben ihn einfach vom Buffet geklaut.

Vorher ist im Park auch schon viel passiert …

a. Suche in der Geschichte alle Wörter, die zu dem Wortfeld **gehen** passen und unterstreiche sie grün.

b. Suche in der Geschichte alle Wörter, die zu dem Wortfeld **essen** passen und unterstreiche sie lila.

② Wörter finden

Überlege dir möglichst viele Wörter, die zu diesen beiden Wortfeldern passen:

a. sehen

____

____

____

____

____

____

____

b. sprechen

____

____

____

____

____

____

____

Simon · Deutsch-Krimi 2/3 | 978-3-589-16942-9 | Illustration: Shutterstock.com/Sonya illustration (Lupe); Shutterstock.com/Tobias Steinert (Hintergrund)

DIE EWIGE REGENWOLKE

Was ist denn hier los? Gnom Jimmy läuft um kurz vor 8 eilig durch die Schule, um nicht zu spät zu kommen. Überall stehen Gnomkinder und Gnomlehrer vor den Räumen. Aufgeregtes Gemurmel hallt durch die Gänge. Jimmy geht zügig weiter. In der Garderobe vor der Klasse legt er seine Sachen ab.

„Hast du schon gesehen?", Jimmys Freund Salva stürmt heran. „Die ganze Schrift auf den Schildern ist verändert! Der fiese Rogumil war das!"

Da fällt es Jimmy auf: „garderobe" steht da, wo gestern noch „Garderobe" stand.

Da ruft der Leiter der Gnomschule auch schon alle Gnomkinder und Gnomlehrerinnen und Gnomlehrer zusammen. Er räuspert sich: „Ich brauche eure Hilfe! Wir haben einen Brief vom bösen Rogumil bekommen. Er hat alle Schilder in unserer Schule verzaubert. Es stehen nur noch kleine Buchstaben darauf. Und habt ihr die ewige Regenwolke über unserer schönen Schule gesehen? Wir müssen alle Schilder bis 12 Uhr wieder in Ordnung bringen. Dann erst pustet Rogumil die ewige Regenwolke fort. Wenn wir das nicht tun, dann wird Rogumil es aus der Wolke für immer regnen lassen und unsere schöne Schule wird einfach weggeschwemmt!" Der Schulleiter schnäuzt sich lautstark in sein Taschentuch. Ein großes Gemurmel erhebt sich.

„Das können wir auf keinen Fall zulassen!", ruft ein kleines Gnommädchen.

„Genau, das werden wir nicht zulassen!", brüllt ein anderes mutig.

„Dann mal los!", ruft Jimmy unternehmungslustig. „So schwer kann das ja nicht sein!"

Mit magischen Stiften ausgestattet, laufen die Gnome zu zweit durch die Gänge. Sie wollen alle Schilder wieder in Ordnung bringen. Jimmy

(Fortsetzung ► Seite 33)

Simon · Deutsch-Krimi 2/3 | 978-3-589-16942-9 | Illustrationen: Shutterstock.com/Sonya illustration (Lupe); Shutterstock.com/Tobias Steinert (Hintergrund)

und Salva ziehen natürlich zusammen los. Draußen beginnt es langsam zu regnen. Dicke Tropfen klatschen gegen die Fenster.

„Ich hab eins", ruft Jimmy und deutet auf ein grün-weißes Schild. „notausgang" steht da. „Oh, das weiß ich! Da muss ein großes N hin", verkündet Salva stolz und zückt den magischen Stift, um das Schild zu verbessern. Der Regen über der Schule wird immer stärker.

Die beiden Jungen gehen weiter und schauen sich um. Bald finden sie noch mehr Schilder:

feuerlöscher
hier drücken
licht bitte ausschalten
das gibt es heute mittag zu essen:
benutzte teller und gläser hier abstellen!
die turnhalle bitte nur mit schuhen mit weißen sohlen betreten
bitte bälle und springseile wieder zurück in diese kiste legen

Auf allen Schildern verbessern die beiden Gnomjungen die Wörter, die großgeschrieben werden müssen. Bei manchen müssen sie richtig lange überlegen. Kurz bevor sie fertig sind, wird der Regen weniger. Als sich dann alle Gnomkinder mit den Gnomlehrerinnen und Gnomlehrern und dem Schulleiter wieder in der großen Halle treffen, tröpfelt es nur noch.

„Geschafft!", jubelt der Schulleiter. „Wir haben es geschafft und Rogumil besiegt!" Alle applaudieren.

„Schaut mal", ruft Jimmy. „Ein Regenbogen!"

Und tatsächlich scheint die Sonne plötzlich und ein großer Regenbogen spannt sich über die Schule.

Simon · Deutsch-Krimi 2/3 | 978-3-589-16942-9 | Illustrationen: Shutterstock.com/Sonya illustration (Lupe); Shutterstock.com/Tobias Steinert (Hintergrund)

(1) Die verzauberten Schilder

Der böse Rogumil droht, die Schule mit einem ewigen Regen wegzuschwemmen. Er hat alle Schilder in der Schule verzaubert und den Gnomen eine Aufgabe gestellt: Wenn sie es schaffen, die Groß- und Kleinschreibung auf allen Schildern zu verbessern, wird die Regenwolke weiterziehen.

Hilf den Gnomen und schreibe die Texte der Schilder richtig:

notausgang ______________________________

feuerlöscher ______________________________

hier drücken ______________________________

licht bitte ausschalten ______________________________

das gibt es heute mittag zu essen: ______________________________

____

benutzte teller und gläser hier abstellen! ______________________________

____

die turnhalle bitte nur mit schuhen mit weißen sohlen betreten ______________________________

____

bitte legt bälle und springseile wieder zurück in diese kiste. ______________________________

____

(2) Gleich ist nicht gleich

Manche Wörter werden gleich geschrieben, haben aber verschiedene Bedeutungen und werden unterschiedlich geschrieben. Welche der unterstrichenen Wörter sind Nomen (Namenwörter) und müssen also großgeschrieben werden? Umkringel sie.

Jimmy und Salva sitzen auf den gemütlichen sitzen.
Der böse Rogumil will im See viele fische fischen.
Der Schulleiter schloss das schloss zur Schule auf.
Salva will in der Pause ein spiel mit Jimmy spielen.

(Fortsetzung Aufgabe 3 ► Seite 35)

Simon · Deutsch-Krimi 2/3 | 978-3-589-16942-9 | Illustration: Shutterstock.com/Sonya illustration (Lupe); Shutterstock.com/Tobias Steinert (Hintergrund)

③ Lückenfüller

Welche Buchstaben gehören in die Lücken? Achte dabei darauf, welche Wörter großgeschrieben und welche Wörter kleingeschrieben werden.

Jimmy _nd Salva sind die _esten Freunde.
Am liebsten streifen die beiden Gnomjungen _usammen durch den _ald.
Dort sammeln sie _eeren und Pilze.
_anchmal spielen sie auch Verstecken oder beobachten die _iere, die dort im Wald _eben.
Oft vergessen die _eiden die _eit und kommen erst nach Hause, wenn es schon _unkel ist.

Simon · Deutsch-Krimi 2/3 | 978-3-589-16942-9 | Illustrationen: Shutterstock.com/Sonya illustration (Fingerabdruck, Lupe); Shutterstock.com/Tobias Steinert (Hintergrund)

FETZENGESCHICHTEN

„So ein Mist!“, Herr Masrell murmelt schimpfend vor sich hin. Er krabbelt um sein Auto herum und sammelt viele Papierschnipsel ein. Der Wind pustet jedoch einige davon. Manche werden sogar in einen Gully geweht. Die besonders kleinen wirbelt der Wind hoch über die Bäume und auf und davon.

Carina und Luca rennen herbei und helfen ihrem Lehrer. Sie sammeln so viele Zettelstücke ein wie möglich. Herr Masrell stopft sie alle in seinen Stoffbeutel.

„Puh, danke, Kinder!“, sagt er erleichtert. „Ein paar Geschichten konnten wir immerhin retten.“

Eigentlich will Carina noch fragen, was es mit den Zettelschnipseln auf sich hat. Aber in dem Moment läutet die Schulglocke und die Kinder müssen losrennen.

Im Deutschunterricht gibt es dann die Erklärung. Herr Masrell packt seinen Stoffbeutel mit den Zettelschnipseln aus und noch einen zweiten. Er schüttet zwei Häufchen auf dem Pult aus.

„Schaut mal! Ich hatte so schöne Geschichten für euch vorbereitet. Dann habe ich meinen Dackel Friedhelm nur ganz kurz allein im Auto gelassen, um einkaufen zu gehen. Und er hat die schönen Geschichten zerpflückt. Schaut euch das mal an!“ Der Lehrer rauft sich die Haare. „Eine Katastrophe!“

Dann grinst er die Kinder an. „Ich habe mir gedacht. Da kann niemand besser helfen als die 3a! Friedhelm hat zum Glück immer nur die Anfänge der Geschichten abgerupft. Ich habe die Zettel schon einmal vorsortiert.“ Herr Masrell zeigt auf den kleineren Fetzenhaufen. „Das sind die Anfänge der ersten Sätze. Und die Blätter hier“, der Lehrer zeigt auf einen etwas größeren Stapel, „sind die Reste der Geschichten. Schafft ihr es, die Anfänge zu den richtigen Geschichten zu sortieren?“

Simon · Deutsch-Krimi 2/3 | 978-3-589-16942-9 | Illustrationen: Shutterstock.com/Sonya illustration (Lupe); Shutterstock.com/Tobias Steinert (Hintergrund)

1 Was für eine Zettelwirtschaft

Der niedliche Dackel von Herrn Masrell hat leider alle Geschichten zerpflückt, die der Lehrer für seine Klasse vorbereitet hat. Damit die 3a sie trotzdem lesen kann, müssen die Kinder zuerst die Satzanfänge richtig zuordnen.

Hilf den Kindern und verbinde die Satzanfänge mit den passenden Satzenden. Achte dabei auf den Inhalt der Sätze.

Satzanfänge

Plötzlich öffnet sich …

Vor einem Jahr, als Azad …

Am besten holen wir gleich …

Wenig später hat der Verkäufer …

Ihre Freundinnen schauen nach oben …

Eigentlich sollte heute …

Aber zuerst schaute sich …

Simon · Deutsch-Krimi 2/3 | 978-3-589-16942-9 | Illustrationen: Cornelsen/Liliane Oser; Shutterstock.com/Sonya illustration (Lupe); Shutterstock.com/Tobias Steinert (Hintergrund)

Wie die Sätze weitergehen

der Detektiv die Spuren an, die die Diebe im Haus des Bürgermeisters hinterlassen hatten.

die Haustür wie von Geisterhand und kalter Wind weht trockene Blätter in den Flur.

den ganzen Tag die Sonne scheinen, aber als die Kinder im Freibad ankamen, gab es einen Wolkenbruch.

und entdecken Sabrina im Baum, wo sie sich vor dem großen Schäferhund versteckt hat.

sieben Jahre alt geworden war, hat er einen Gruselgeburtstag gefeiert.

die Polizei, damit sie herausfindet, wer hier eingebrochen ist.

den Ladendieb entdeckt und die Polizei gerufen.

(Fortsetzung Aufgabe 2 ► Seite 39)

Simon · Deutsch-Krimi 2/3 | 978-3-589-16942-9 | Illustrationen: Cornelsen/Liliane Oser; Shutterstock.com/Sonya illustration (Lupe); Shutterstock.com/Tobias Steinert (Hintergrund)

(2) Welche Satzanfänge kennst du?

Schreibe möglichst viele verschiedene Wörter auf, mit denen Sätze beginnen können. Diese Wörter kannst du als Wortspeicher benutzen, wenn du selbst einen Text schreibst. **Tipp 1:** Schaue die Satzanfänge in Aufgabe 1 an.
Tipp 2: Satzanfänge können Zeitangaben sein: Heute, Gestern, Früher.

Simon · Deutsch-Krimi 2/3 | 978-3-589-16942-9 | Illustration: Shutterstock.com/Sonya illustration (Lupe); Shutterstock.com/Tobias Steinert (Hintergrund)

WANDBILD AUF DER FLUCHT

In der fünften Schulstunde am Freitag ist bei allen die Luft raus. Die Kinder freuen sich auf das Wochenende und können sich kaum noch konzentrieren. Sogar der Schulhund Max gähnt. Dabei ist das seine erste Stunde heute. Auch Frau Raabe merkt, dass Mathe im Klassenraum jetzt keine gute Idee ist.

„Wir gehen raus!“, verkündet sie und hat gleich die Aufmerksamkeit aller Kinder. „Wir machen im Schulgarten ein paar Mathe-Übungen mit Max. Die frische Luft wird uns allen guttun.“

Ganz leise schleicht die Klasse Richtung Schulhof. Doch plötzlich bleibt Frau Raabe, die mit Max vorangeht, vor dem großen Wandbild abrupt stehen. Die Kinder müssen aufpassen, dass sie ihr nicht in die Hacken laufen.

„Wo ist denn der Zauberer hin?“, fragt Frau Raabe fassungslos und starrt auf die große Lücke in dem großen, bunten Bild. Neugierig drängeln sich die Kinder nach vorn. Gemurmel erfüllt den Flur.

„Der Zauberer ist weg!“, ruft Celina. „Er ist weggelaufen!“
„Wie kann denn ein Bild weglaufen?“, fragt John entgeistert.
Peer fängt an zu lachen. „Das ist ja verrückt!“

„Aber hier sind blaue Fußspuren“, Celina zeigt Richtung Keller. Und tatsächlich: Blaue Fußspuren führen die Kellertreppe herunter. Die Klasse folgt den Spuren. Frau Raabe und Max gehen voran. Der Hund schnüffelt aufgeregt durch die Gänge. Die Fußspuren werden immer blasser und sind schließlich verschwunden. Neben einem Kellerfenster entdecken die Kinder grüne Handschuhabdrücke. Das Fenster steht offen. Frau Raabe schaut raus. Es ist nichts zu sehen. „Wir rufen die Polizei!“, beschließt die Lehrerin.

Als der Kommissar in der Schule eintrifft, wird er sogleich von allen umringt.

(Fortsetzung ► Seite 41)

Simon · Deutsch-Krimi 2/3 | 978-3-589-16942-9 | Illustrationen: Shutterstock.com/Sonya illustration (Lupe); Shutterstock.com/Tobias Steinert (Hintergrund)

„Gut, dass Sie angerufen haben!“, sagt der Polizist. „Wir sind ihm schon auf der Spur. Seit einer Stunde gehen bei uns Meldungen ein, dass ein Zauberer auf unseren Straßen unterwegs ist und ein Verkehrschaos verursacht. Aber immer, wenn die Kolleginnen und Kollegen am Einsatzort ankommen, ist er schon verschwunden. Wir brauchen also unbedingt eine Personenbeschreibung von euch. Könnt ihr uns helfen? Wie genau sieht der Zauberer denn aus?“

Sofort reden alle Kinder wild durcheinander. Alle wollen dem Kommissar erzählen, wie der Zauberer aussieht.

(Abbildung zum Text ► Seite 42)

Simon · Deutsch-Krimi 2/3 | 978-3-589-16942-9 | Illustrationen: Shutterstock.com/Sonya illustration (Lupe); Shutterstock.com/Tobias Steinert (Hintergrund)

Simon · Deutsch-Krimi 2/3 | 978-3-589-16942-9 | Illustrationen: Cornelsen/Liliane Oser; Shutterstock.com/Sonya illustration (Lupe); Shutterstock.com/Tobias Steinert (Hintergrund)

Der Zauberer ist weggerannt

Ist das verrückt! Der Zauberer hat sein Wandbild in der Schule einfach verlassen. Jetzt ist er in der Stadt unterwegs und verursacht ein Chaos auf den Straßen. Die Polizei braucht dringend eure Hilfe, um den Zauberer zu finden.

(1) Merkmale des Zauberers

Schau dir das Wandbild genau an. Schreibe Stichworte auf, die den Zauberer beschreiben. Welches sind seine wichtigsten Merkmale?

(2) Personenbeschreibung

Formuliere mithilfe der Stichwörter, die du in Aufgabe 1 gesammelt hast, eine möglichst genaue Personenbeschreibung des Zauberers.

Simon · Deutsch-Krimi 2/3 | 978-3-589-16942-9 | Illustration: Shutterstock.com/Sonya illustration (Lupe); Shutterstock.com/Tobias Steinert (Hintergrund)

DIE VERSCHWUNDENE KAMERA

„Meine Kamera ist weg“, aufgelöst stürzt Serena nach dem Mittagessen in die Betreuung. „Hat sie jemand gesehen?“ Serena steigen Tränen in die Augen. Ihre Hände zittern.

Frau Karionka legt Serena die Hand auf die Schulter, um sie zu beruhigen. „Atme tief durch, Serena! Und dann erzählst du uns in Ruhe, was passiert ist. Setz dich mal hin.“

Serena nickt und lässt sich auf den Stuhl fallen, den Mareike ihr hinschiebt. Herr Bernstein gibt Serena ein Glas Wasser. Sie trinkt einen großen Schluck.

„Also, gerade war ich an meinem Schulranzen und wollte mir ein Taschentuch holen. Da habe ich gemerkt, dass meine Kamera nicht mehr darin ist. Ich habe sie heute mitgenommen, weil ich nach der Schule mit zu Mareike gehe. Wir wollen Fotos machen.“ Serena muss schlucken. „Die Kamera war noch ganz neu. Ich habe sie erst in der letzten Woche zu meinem Geburtstag bekommen!“

„Wir hätten sie lieber erst gleich bei dir zu Hause abholen sollen“, wirft Mareike ein. Herr Bernstein nickt.

„Vielleicht finden wir sie ja wieder!“, Frau Karionka macht den Mädchen Mut. „Wann habt ihr sie ...“

Auf dem Flur wird es plötzlich laut. Stimmen sind zu hören. Und schon stürmen Domi und Lennart lärmend in den Raum. Domi stolpert über seine Dino-Pantoffeln, die eine nasse Spur auf dem Boden hinterlassen. Lennart lässt sich auf einen Stuhl fallen und seine blau gestreifte Jacke neben sich auf den Boden. Mit der anderen Hand streicht er sich seine roten Locken aus dem Gesicht. „Boah, ist das heiß heute!“ Die beiden kichern.

„Habt ihr Serenas Kamera gesehen?“, fragt Herr Bernstein. Die Jungen schütteln die Köpfe.

(Fortsetzung ► Seite 45)

Simon · Deutsch-Krimi 2/3 | 978-3-589-16942-9 | Illustrationen: Shutterstock.com/Sonya illustration (Lupe); Shutterstock.com/Tobias Steinert (Hintergrund)

Hinter ihnen erscheint Arpad in der Tür: „Guckt mal. Auf dem Schulhof habe ich nasse Fotos gefunden!“ Arpad wedelt mit vier Bildern in der Hand.

„Die sind mit meiner Kamera gemacht worden!“, Serena erkennt das sofort. Sie springt so schwungvoll auf, dass ihr Stuhl nach hinten kippt. „Es ist eine Sofortbildkamera, die die Bilder direkt ausspuckt. Die wurde mir geklaut.“

Die Mädchen und die Erzieherinnen und Erzieher umringen Arpad. „Zeig mal her! Was ist denn drauf?“, fragt Frau Karionka. Arpad legt die nassen Fotos auf den Tisch. Gemeinsam schauen sie sich die Bilder an.

„Ich glaube, wir müssen die Fotos in die richtige Reihenfolge bringen, dann wissen wir, wer die Diebin oder der Dieb ist!“ Nachdenklich schaut Serena auf die Fotos.

„Oder die Diebe! Ich weiß, wer es war!“, ruft Mareike. **Weißt du es auch?**

(Abbildungen zum Text ► Seite 46)

Simon · Deutsch-Krimi 2/3 | 978-3-589-16942-9 | Illustrationen: Shutterstock.com/Sonya illustration (Lupe); Shutterstock.com/Tobias Steinert (Hintergrund)

Simon · Deutsch-Krimi 2/3 | 978-3-589-16942-9 | Illustrationen: Cornelsen/Liliane Oser; Shutterstock.com/Sonya illustration (Lupe); Shutterstock.com/Tobias Steinert (Hintergrund)

Serenas Kamera wurde gestohlen

Serenas Sofortbild-Kamera ist verschwunden. Arpad hat auf dem Schulhof vier Fotos entdeckt, die mit dieser Kamera gemacht wurden. Wer die Kamera gestohlen hat, verrät sich dadurch selbst. Serenas Freundin Mareike hat einen Verdacht.

Löse das Rätsel, indem du eine Bildergeschichte zu den Fotos schreibst. Gehe folgendermaßen vor:

1 Themen und Reihenfolge der Bilder bestimmen

a. Schau dir die Bilder an und beschreibe sie. Was siehst du darauf?

____

____

____

____

b. In welche Reihenfolge gehören die Bilder? Nummeriere sie.

____

____

____

____

2 Was ist passiert?

Hast du verstanden, was passiert ist? Fasse den Verlauf der Geschichte möglichst kurz zusammen. Schreibe dazu Stichwörter auf.

____

____

____

____

(Fortsetzung Aufgaben 3 bis 6 ► Seite 48)

Simon · Deutsch-Krimi 2/3 | 978-3-589-16942-9 | Shutterstock.com/Sonya illustration (Lupe); Shutterstock.com/Tobias Steinert (Hintergrund)

3 Schreibe die Geschichte auf

Formuliere aus deinen Stichwörtern zu der Bildergeschichte ganze Sätze, sodass eine Geschichte entsteht.

4 Welche Überschrift passt?

Probiere mehrere Überschriften aus, bis du eine passende gefunden hast. Die erste Idee ist nicht immer die beste.

5 Überprüfe deine Geschichte

Lies deine Geschichte noch einmal durch. Was möchtest du verbessern?

6 Wer hat Serenas Kamera gestohlen?

Weißt du nun, wer die Sofortkamera aus Serenas Schulranzen genommen hat? Begründe deine Meinung.

Simon · Deutsch-Krimi 2/3 | 978-3-589-16942-9 | Illustration: Shutterstock.com/Sonya illustration (Lupe); Shutterstock.com/Tobias Steinert (Hintergrund)

TIPPS, HINWEISE UND LÖSUNGEN

KV 2 Klasse 2 – Lernkrimi 1 Seite 7–8

Erste Hilferunde zu „Der verzauberte Schulhof" – Tipps und Hinweise

1. Nomen können Menschen Tiere, Pflanzen oder Dinge sein.
2. Nomen gibt es in Einzahl und Mehrzahl. Beispiel: das Kind, die Kinder
3. Lies die letzten drei Sätze der Geschichte noch einmal.

KV 2 Klasse 2 – Lernkrimi 1 Seite 7–8

Zweite Hilferunde zu „Der verzauberte Schulhof" – Tipps und Hinweise/Regeln

1. Nomen werden immer großgeschrieben.
2. Nomen können einen Artikel (oder Begleiter) haben:
   Bestimmte Artikel: der, die, das
   Unbestimmte Artikel: ein, eine
3. Schau dir die Nomen in den letzten drei Sätzen der Geschichte gut an.

KV 2 Klasse 2 – Lernkrimi 1 Seite 7–8

Dritte Hilferunde zu „Der verzauberte Schulhof" – Lösungen

1. Schulhof – Kind – Eisbahn – Regen – Dschungel
2. **Montag:** Mina – Montag – Schultor – Schulhof – Eis – Klettergerüst – Schnee – Hausmeisterin – Schlittschuhe – Wassereis
   Dienstag: Pausenhof – Sonne – Schule – Regenwolken – Regenbogen – Mina – Dusche – Lehrer – Flossen – Taucherbrille – Pfütze – Goldfische
   Mittwoch: Mina – Dschungel – Bäume – Pflanzen – Schaukeln – Wippe – Pfau – Papagei – Klettergerüst – Faultier – Direktorin – Liane – Baum
   Donnerstag: Schulhof – Streichelzoo – Ziegen – Felsen – Mina – Hand – Meerschweinchen – Häuser – Schweinefamilie – Sandkasten
   Freitag: Mina – Ideen – Pausenhof – Ecke – Ziegenköttel – Kater – Schultor – Schulhof
3. Schlittschuhe – Wassereis – Dusche – Flossen – Taucherbrille – Goldfische – Dschungel – Pfau – Papagei – Faultier – Liane – Streichelzoo – Ziegen – Felsen – Meerschweinchen – Häuser – Schweinefamilie – Ziegenköttel – Kater – Zylinder
4. Der Kater trägt einen Zylinder.

   Der Kater zwinkert Mina mit seinem rechten Auge zu.

Simon · Deutsch-Krimi 2/3 | 978-3-589-16942-9 | Illustration: Shutterstock.com/Sonya illustration (Lupe); Shutterstock.com/Tobias Steinert (Hintergrund)

KV 2 Klasse 2 – Lernkrimi 2 — Seite 11

Erste Hilferunde zu „Pantoffelsalat“ – Tipps und Hinweise

1. Tunwörter sagen dir, was Menschen, Tiere, Pflanzen oder Dinge tun oder was geschieht. Sie werden kleingeschrieben.
2. Verben haben eine Grundform, die meist auf -en endet. Beispiel: kommen
3. Verben in Einzahl haben oft ein -t am Ende. Verben in Mehrzahl haben oft ein -n am Ende. Beispiele: ich komme, du kommst, er/sie/es kommt, wir kommen, ihr kommt, sie (alle) kommen

KV 2 Klasse 2 – Lernkrimi 2 — Seite 11

Zweite Hilferunde zu „Pantoffelsalat“ – Tipps und Hinweise/Regeln

1. Achte darauf, wer etwas tut. Tunwörter können in der Einzahl oder in der Mehrzahl stehen. Beispiele: Einzahl: Er singt. Mehrzahl: Sie singen.
2. Mache die Probe: Tut eine Person etwas? Dann ist es Einzahl.
3. Tun mehrere Personen etwas? Dann ist es Mehrzahl.

KV 2 Klasse 2 – Lernkrimi 2 — Seite 11

Dritte Hilferunde zu „Pantoffelsalat“ – Lösungen

1. kommt, wundert, liegt, guckt, findet, sieht, beobachtet, steigt, versucht, wackelt, schafft, entdeckt, kratzt, vertauscht, kommt, kichert, erwacht, ruft
2. Einzahl: hilft, kichert, kommt, klopft, huscht, war, muss
3. Mehrzahl: suchen, sind, wundern

Simon · Deutsch-Krimi 2/3 | 978-3-589-16942-9 | Illustrationen: Shutterstock.com/Sonya illustration (Fingerabdruck, Lupe); Shutterstock.com/Tobias Steinert (Hintergrund)

KV 2 Klasse 2 – Lernkrimi 3 — Seite 13–15

Erste Hilferunde zu „Der verschwundene Fahrradschlüssel" – Tipps und Hinweise

1. Das Gegenteil ist immer etwas, das genau andersherum ist.
2. Wenn man bei Bildern das Gegenteil sucht, sucht man eigentlich das Gegenteil einer Eigenschaft. Beispiel: helle Lampe und dunkle Höhle.
3. Überlege, welches Wort an dieser Stelle in der Geschichte besser passen würde. Beispiel: Es war eine sonnige Nacht. – Es war ein sonniger Tag.
4. In der Geschichte erzählt Herr Engelbert, wann er den Fahrradschlüssel das letzte Mal gesehen hat.

KV 2 Klasse 2 – Lernkrimi 3 — Seite 13–15

Zweite Hilferunde zu „Der verschwundene Fahrradschlüssel" – Tipps und Hinweise/Regeln

1. Die beiden Gegenteile haben immer ein gemeinsames Thema.
2. Überlege, welche Eigenschaften die Dinge auf den Bildern haben. Zu manchen Bildern passen zwei verschiedene Eigenschaften.
3. Mit dem richtigen Wort hört sich der Satz richtig an und passt zur Geschichte.
4. Herr Engelbert berichtet, dass er den Fahrradschlüssel zu Hause im Keller benutzt hat.

KV 2 Klasse 2 – Lernkrimi 3 — Seite 13–15

Dritte Hilferunde zu „Der verschwundene Fahrradschlüssel" – Lösungen

1. a. Erde

   b. Dachboden

   c. Kälte
2. Rennauto – Schnecke

(Fortsetzung Lösungen Lernkrimi 3 ► Seite 52)

Simon · Deutsch-Krimi 2/3 | 978-3-589-16942-9 | Illustrationen: Cornelsen/Liliane Oser; Shutterstock.com/Sonya illustration (Lupe); Shutterstock.com/Tobias Steinert (Hintergrund)

Regenwolke – Sonne

Elefant – Maus

(3) Nacht – Tag
Anfang – Ende
Winter – Sommer
Kindern – Erwachsenen
Ausruhen – Bewegung
Pech – Glück
Feind – Freund
im Mondschein – in der Sonne
Kälte – Wärme
auf dem Dachboden – im Keller
am Fuß – in der Hand
Opa – Baby
das Tal – den Berg
Trockenheit – Nässe

(4) Der Fahrradschlüssel war in der Hand von Herrn Engelbert.
Herr Engelbert hat den Hund mit den Händen gestreichelt.
Herr Engelbert hat die Schwimmtasche im Hausflur abgestellt.
Danach erzählt Herr Engelbert nichts mehr über den Fahrradschlüssel.
Wahrscheinlich ist der Fahrradschlüssel in der Schwimmtasche im Hausflur.

KV 2

Klasse 2 – Lernkrimi 4

Seite 17

Erste Hilferunde zu „Der Sturm im Klassenzimmer" – Tipps und Hinweise

1. Wörter, die beschreiben, wie etwas ist, nennt man Adjektive.
2. Wörter, die beschreiben, wie etwas ist, nennt man auch Wiewörter.

KV 2

Klasse 2 – Lernkrimi 4

Seite 17

Zweite Hilferunde zu „Der Sturm im Klassenzimmer" – Tipps und Hinweise/Regeln

1. Adjektive werden kleingeschrieben.
2. Adjektive können gesteigert werden. Beispiel: alt, älter, am ältesten

---

KV 2

Klasse 2 – Lernkrimi 4

Seite 17

Dritte Hilferunde zu „Der Sturm im Klassenzimmer" – Lösungen

1. Im Klassenraum ist es gemütlich.
   Die Geschichte, die Frau Lund vorliest, ist spannend.
   Das Gespenst Kunibert ist tapfer.
   Der Knall ist laut.
   Der Wind ist kalt.
   Die Drachen sind bunt.
2. Mein Drachen ist klein. Er hat ein gezacktes Muster.

Mein Dachen ist größer als alle anderen. Er ist gepunktet.

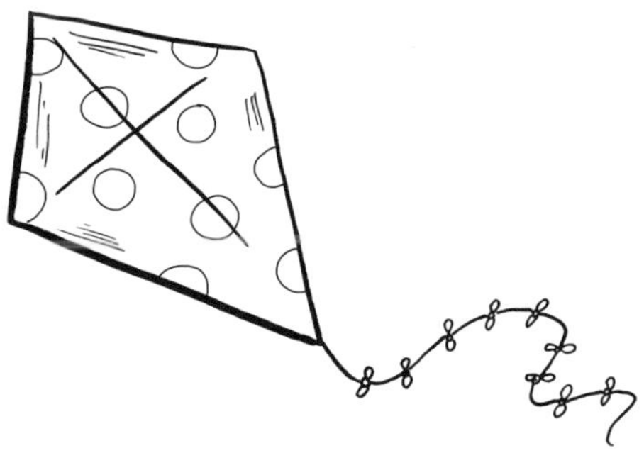

(Fortsetzung Lösungen Lernkrimi 4 ► Seite 54)

Simon · Deutsch-Krimi 2/3 | 978-3-589-16942-9 | Illustrationen: Cornelsen/Liliane Oser; Shutterstock.com/Sonya illustration (Lupe); Shutterstock.com/Tobias Steinert (Hintergrund)

Mein Drachen ist zerknittert.

Mein Drachen ist gestreift und hat große Schleifen am Schwanz.

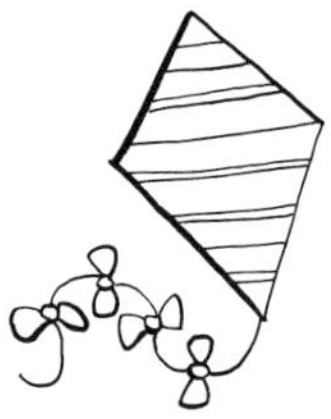

Mein Drachen ist lustig und hat große Augen.

Mein Dachen hat einen kurzen Schwanz. Er hat ein Muster aus Herzen.

Simon · Deutsch-Krimi 2/3 | 978-3-589-16942-9 | Illustrationen: Cornelsen/Liliane Oser; Shutterstock.com/Sonya illustration (Fingerabdruck, Lupe); Shutterstock.com/Tobias Steinert (Hintergrund)

KV 2 Klasse 2 – Lernkrimi 5 — Seite 20

Erste Hilferunde zu „Auf gereimter Schatzsuche" – Tipps und Hinweise

(1) Ein Reim entsteht, wenn zwei Wörter gleich klingen.

(2) Schau dir das letzte Wort in der Zeile über dem Strich an. Überlege, welches Wort sich darauf reimt. Probieren den Reim mit diesem Wort aus. Passt er zur Geschichte?

(3) Welches Thema soll dein eigenes (Quatsch-)Gedicht haben? Überlege dir das zuerst.

KV 2 Klasse 2 – Lernkrimi 5 — Seite 20

Zweite Hilferunde zu „Auf gereimter Schatzsuche" – Tipps und Hinweise/ Regeln

(1) Sprich das erste Wort in der Reihe mit jedem anderen Wort zusammen leise aus. So erkennst du, welche Wörter sich reimen.

(2) Wortspeicher: Eis, Fenster, Mitte, baum, Türen, bloß

(3) Überlege dir Wortpaare (zwei Wörter), die sich reimen und benutze die als Wortspeicher für dein eigenes Gedicht.

KV 2 Klasse 2 – Lernkrimi 5 — Seite 20

Dritte Hilferunde zu „Auf gereimter Schatzsuche" – Lösungen

(1) **Haus** – Laus, ~~Pause~~, Maus, Strauß, Applaus
Schiff – Griff, Kliff, Schliff, Riff, ~~Brief~~
Klasse – Rasse, Kasse, Terrasse, ~~Hose~~, Tasse
Schatz – ~~Katze~~, Platz, Satz, Fratz, Schmatz

(2) „Löst mein Rätsel, ihr habt es entdeckt, der Weg zum Schatz im Reim sich versteckt."
„Hier draußen im Flur geht es los. Wo ist das Rätsel denn bloß?
Lasst uns den nächsten Reim aufspüren. Ihr findet ihn hinter gläsernen Türen."
„Ihr seht hier keine Gespenster. Das nächste Papier klebt unter 'nem Fenster.
Dreht euch um und geht zehn Schritte. Es ist das kleine Fenster in der Mitte."
„Heute ist es wirklich heiß, da wäre schön, ein kaltes Eis.
Er ist nah, der kalte Traum. Lauft zum großen Kastanienbaum."

(3) Du kannst dir erst eine Zeile für dein Gedicht überlegen. Danach denkst du darüber nach, welche Zeile sich darauf reimen könnte. Probiere es aus!

Simon · Deutsch-Krimi 2/3 | 978-3-589-16942-9 | Illustrationen: Shutterstock.com/Sonya illustration (Lupe); Shutterstock.com/Tobias Steinert (Hintergrund)

KV 2 Klasse 3 – Lernkrimi 6 — Seite 23–24

Erste Hilferunde zu „Die magische Tafel“ – Tipps und Hinweise

1. a. Lies die Satzschlange langsam und überlege, wann ein Wort zu Ende ist.
   b. Wörter am Satzanfang schreibst du immer groß.
   c. Alle Sätze enden mit einem Satzschlusszeichen.
2. Es gibt drei Satzarten: Aussagesatz, Fragesatz und Ausrufungssatz.

KV 2 Klasse 3 – Lernkrimi 6 — Seite 23–24

Zweite Hilferunde zu „Die magische Tafel“ – Tipps und Hinweise/Regeln

1. a. Die letzte Wörterschlange besteht aus zwei Sätzen.
   b. Nomen (Namenwörter) werden immer großgeschrieben.
   c. Verben (Tunwörter) und Adjektive (Wiewörter) werden immer kleingeschrieben.
   d. Am Ende eines Aussagesatzes steht immer ein Punkt.
   e. Nach Fragen steht immer ein Fragezeichen.
   f. Nach Aufforderungen oder Ausrufen steht immer ein Ausrufezeichen.
2. Die vorherigen Regeln können dir hier helfen.

KV 2 Klasse 3 – Lernkrimi 6 — Seite 23–24

Dritte Hilferunde zu „Die magische Tafel“ – Lösungen

1. Hebt den braunen Deckel und ihr erlebt ein blaues Wunder!
   Auf dem Schulhof findet ihr mich.
   Wartet nicht so lange.
   Hier stinkt es ganz furchtbar!
   Danke für die Rettung! Ich habe lange auf euch gewartet.
   Hier ist es gemütlich. Kann ich bei euch bleiben?
2. Frau Keller hat etwas an die Tafel geschrieben.
   Liest du den Satz vor.
   Hilf mir.
   Lasst uns gehen.
   Was hast du in der Mülltonne gefunden.
   Ich habe das blaue Wesen zuerst gesehen.

Simon · Deutsch-Krimi 2/3 | 978-3-589-16942-9 | Illustrationen: Shutterstock.com/Sonya illustration (Fingerabdruck, Lupe); Shutterstock.com/Tobias Steinert (Hintergrund)

KV 2 Klasse 3 – Lernkrimi 7 Seite 27–28

Erste Hilferunde zu „Der Armband-Klau" – Tipps und Hinweise

(1) Schaue dir die Wörter, die du nicht lesen kannst, genau an. Darin sind die Buchstaben durcheinandergeraten. Schreibe die Wörter auf, um die Buchstaben zu sortieren.

(2) Lenja wusste etwas über das Armband, das nur der Dieb wissen kann.

(3) Der Tipp 1 kann dir hier helfen.

KV 2 Klasse 3 – Lernkrimi 7 Seite 27–28

Zweite Hilferunde zu „Der Armband-Klau" – Tipps und Hinweise/Regeln

(1) Die Wörter, die groß geschrieben werden, haben ihren großen Buchstaben behalten. Das ist also der erste Buchstabe im Wort. Beispiel: doBrseot

(2) Entschlüssle das Wort *inerSchgmettl* und du weißt, welches Wort Lenja verraten hat.

(3) Der Tipp 1 kann dir hier helfen.

KV 2 Klasse 3 – Lernkrimi 7 Seite 27–28

Dritte Hilferunde zu „Der Armband-Klau" – Lösungen

(1) doBrseot – Brotdose
inerSchgmettl – Schmetterling
eNsa – Nase
rassenKlaum – Klassenraum
ruFl – Flur

(2) An dem Armband hängt ein Schmetterling. Wenn Lenja das Armband nicht aus Rosannas Ranzen genommen hätte, wüsste sie das nicht.

(3) räspGech – Gespräch
rerLeh – Lehrer
klärAufung – Aufklärung
schuldEntigung – Entschuldigung
gezubenrück – zurückgeben
genravert – vertragen

Aus diesen Wörtern kannst du dir ein eigenes Ende für die Geschichte ausdenken und es aufschreiben. Du kannst auch andere Wörter benutzen.

Simon · Deutsch-Krimi 2/3 | 978-3-589-16942-9 | Illustration: Shutterstock.com/Sonya illustration (Lupe); Shutterstock.com/Tobias Steinert (Hintergrund)

KV 2 Klasse 3 – Lernkrimi 8 Seite 31

Erste Hilferunde zu „Wo ist der Schokokuchen?" – Tipps und Hinweise

1. In einem Wortfeld sind Wörter, die eine ähnliche Bedeutung haben. Sie sind aus der gleichen Wortart, also nur Verben (Tunwörter), Nomen (Namenwörter) oder Adjektive (Wiewörter).
2. Suche erst alle Wörter, die zu dem einen Wortfeld gehören und dann die, die zu einem anderen Wortfeld passen.

KV 2 Klasse 3 – Lernkrimi 8 Seite 31

Zweite Hilferunde zu „Wo ist der Schokokuchen?" – Tipps und Hinweise/Regeln

1. Wörter aus einem Wortfeld kann man miteinander tauschen.
   Beispiel: sehen – schauen, gucken, starren, bemerken, betrachten.
2. Achte darauf, dass alle Wörter Verben (Tunwörter) sind.

KV 2 Klasse 3 – Lernkrimi 8 Seite 31

Dritte Hilferunde zu „Wo ist der Schokokuchen?" – Lösungen

1. (Erkärung: grün markiert Wörter = hier fett und unterstrichen; lila markierte Wörter = hier kursiv und unterstrichen)

Heute Nachmittag ist Klassentreffen der 3c im Park. Viele Kinder **sausen** zwischen den Bäumen auf der Wiese herum und spielen. Die meisten Familien sind schon da und haben viel zu *schmausen* mitgebracht. Linas kleiner Bruder Jonas und Jamils kleine Schwester Emina sind auch dabei.

Auf einem langen Tisch stehen viele Schüsseln und Teller mit Leckereien.

Jonas will mit seiner Schwester spielen. „Ich muss ich mich erst einmal *stärken*", erklärt Lina und *löffelt* ein Schüsselchen mit Erdbeerjoghurt. „**Zisch** doch schon einmal mal los!"

Jonas **rennt** auf den Spielplatz und klettert die Rutsche nach oben. Emina **trödelt** am Karussell herum. Jamil schaukelt bis er mit seinen Füßen die Zweige am Baum berührt.

Die Lehrerin Frau Schneider **kommt** zu spät. Sie **hastet** den Weg entlang. In der Hand sie trägt einen Teller mit einem Kuchen.

Jamil erkennt ihn gleich. „Ui, das ist Schokokuchen!", ruft er. „Mein Lieblingskuchen. Den könnte ich in einem Haps *verschlingen*." Er reibt sich den Bauch und purzelt dabei fast von der Schaukel. Lina schaut

(Fortsetzung Lösungen Lernkrimi 8 ► Seite 59)

Simon · Deutsch-Krimi 2/3 | 978-3-589-16942-9 | Illustration: Shutterstock.com/Sonya illustration (Lupe); Shutterstock.com/Tobias Steinert (Hintergrund)

sich um. Sie hat keine Lust, auf den Spielplatz zu gehen. Aber das ist auch gar nicht nötig. „Verstecken-Fangen!“, ruft Jette, tippt Lina an und **rast** los. Lina **stürmt** hinterher.

Die Familien haben einen schönen Nachmittag im Park. Es wird viel *gegessen*, gespielt und gelacht.

Plötzlich wird es unruhig. „Wo ist denn der Schokokuchen hin?“, ruft Frau Schneider. „Ich habe noch kein einziges Stück *genascht*. Und jetzt ist der ganze Kuchen weg. Ich hatte ihn doch hier auf den Tisch gestellt!“ Sie **marschiert** mehrmals um den Tisch. Alle helfen beim Suchen. Aber der Kuchen ist nicht zu finden.

Lina hat eine Idee. Sie bückt sich und hebt die lange Tischdecke hoch.

„Da ist er ja!“, ruft sie und lacht. „Jonas und Emina haben sich den ganzen Schokokuchen geschnappt und *futtern* den da unten in aller Seelenruhe unter dem Tisch.“

Jonas und Emina kommen unter dem Tisch hervor. Sie haben Schokoschnuten und schauen beschämt auf den Boden. Der Teller mit dem Schokokuchen ist leer. Niemand sagt etwas. Bis Frau Schneider anfängt, laut zu lachen und gar nicht mehr aufhört. Da lachen alle mit.

(2) a. Beispiele für das Wortfeld **sehen**:
betrachten, gucken, glotzen, gaffen, blinzeln, linsen, schauen, blicken, wahrnehmen, erkennen, beobachten, starren, bemerken, betrachten

b. Beispiele für das Wortfeld **sprechen:**
reden, murmeln, rufen, sagen, erwidern, entgegnen, fragen, plaudern, quatschen, flüstern, schreien, bitten, antworten, meckern, wispern, schildern

Simon · Deutsch-Krimi 2/3 | 978-3-589-16942-9 | Illustrationen: Shutterstock.com/Sonya illustration (Fingerabdruck, Lupe); Shutterstock.com/Tobias Steinert (Hintergrund)

KV 2 Klasse 3 – Lernkrimi 9 Seite 34–35

Erste Hilferunde zu „Die ewige Regenwolke" – Tipps und Hinweise

1. Nomen (Namenwörter) werden großgeschrieben.
2. Nomen können Menschen Tiere, Pflanzen oder Dinge sein.
3. Der Tipp 2 kann dir hier helfen.
4. Verben (Tunwörter) und Adjektive (Wiewörter) werden kleingeschrieben.

KV 2 Klasse 3 – Lernkrimi 9 Seite 34–35

Zweite Hilferunde zu „Die ewige Regenwolke" – Tipps und Hinweise/Regeln

1. Satzanfänge werden großgeschrieben.
2. Nomen können einen Artikel (oder Begleiter) haben. Bestimmte Artikel: der, die, das; Unbestimmte Artikel: ein, eine
3. Wortspeicher: leben, Wald, Beeren, Manchmal, Tiere, beiden, dunkel, und, zusammen, besten, Zeit

---

KV 2 Klasse 3 – Lernkrimi 9 Seite 34–35

Dritte Hilferunde zu „Die ewige Regenwolke" – Lösungen

1. **N**otausgang
   Feuerlöscher
   Hier drücken
   Licht bitte ausschalten
   Das gibt es heute **M**ittag zu essen:
   Benutzte **T**eller und **G**läser hier abstellen!
   Die **T**urnhalle bitte nur mit **S**chuhen mit weißen **S**ohlen betreten.
   Bitte legt **B**älle und **S**pringseile wieder zurück in diese **K**iste.
2. Jimmy und Salva sitzen auf den gemütlichen **Sitzen**.
   Der böse Rogumil will im See viele **Fische** fischen.
   Der Schulleiter schloss das **Schloss** zur Schule auf.
   Salva will in der Pause ein **Spiel** mit Jimmy spielen.
3. Jimmy **und** Salva sind die **besten** Freunde.
   Am liebsten streifen die beiden Gnomjungen **zusammen** durch den **Wald**.
   Dort sammeln sie **Beeren** und Pilze.
   Manchmal spielen sie auch Verstecken oder beobachten **Tiere**, die dort **leben**.
   Oft vergessen die **beiden** die **Zeit** und kommen erst nach Hause, wenn es schon **dunkel** ist.

Simon · Deutsch-Krimi 2/3 | 978-3-589-16942-9 | Illustration: Shutterstock.com/Sonya illustration (Lupe); Shutterstock.com/Tobias Steinert (Hintergrund)

KV 2 Klasse 3 – Lernkrimi 10 Seite 37–39

Erste Hilferunde zu „Fetzengeschichten" – Tipps und Hinweise

1. Achte auf den Inhalt der Satzanfänge und der Satzenden.
2. **Verschiedene Satzanfänge** zu kennen, hilft gute Geschichten zu schreiben.

KV 2 Klasse 3 – Lernkrimi 10 Seite 37–39

Zweite Hilferunde zu „Fetzengeschichten" – Tipps und Hinweise/Regeln

1. Probiere verschiedene Satzanfänge mit den Satzenden aus. Was klingt gut?
2. Du kannst Sätze mit verschiedenen Wortarten beginnen: mit Nomen (Namenwörtern), Adjektiven (Wiewörtern), Verben (Tunwörtern), aber auch mit Fragewörtern, Namen oder Personalpronomen (er, sie, es).

KV 2 Klasse 3 – Lernkrimi 10 Seite 37–39

Dritte Hilferunde zu „Fetzengeschichten" – Lösungen

1. **Plötzlich** öffnet sich ... die Haustür wie von Geisterhand und kalter Wind weht trockene Blätter in den Flur.
   Wenig später hat der Verkäufer ... den Ladendieb entdeckt und die Polizei gerufen.
   Ihre Freundinnen schauen nach oben ... und entdecken Sabrina im Baum, wo sie sich vor dem großen Schäferhund versteckt hat.
   Am besten holen wir gleich ... die Polizei, damit sie herausfindet, wer hier eingebrochen ist.
   Vor einem Jahr, als Azad ... sieben Jahre alt geworden war, hat er einen Gruselgeburtstag gefeiert.
   Eigentlich sollte heute ... den ganzen Tag die Sonne scheinen, aber als die Kinder im Freibad ankamen, gab es einen Wolkenbruch.
   Aber zuerst schaute sich ... der Detektiv die Spuren an, die die Diebe im Haus des Bürgermeisters hinterlassen hatten.
2. Diese Wörter kannst du zum Beispiel für abwechslungsreiche Satzanfänge benutzen: Eigentlich, Als, Dann, Heute, Gestern, Plötzlich, Zuerst, Endlich, Bald, Später, Vielleicht, Mittlerweile, Nun, Was, Warum, Weshalb, Wo, Er, Sie, Es, Ihre, Sein, Aber, Name

---

Simon · Deutsch-Krimi 2/3 | 978-3-589-16942-9 | Illustrationen: Shutterstock.com/Sonya illustration (Fingerabdruck, Lupe); Shutterstock.com/Tobias Steinert (Hintergrund)

KV 2 **Klasse 3 – Lernkrimi 11** Seite 43

Erste Hilferunde zu „Wandbild auf der Flucht" – Tipps und Hinweise

1. Schau dir das Wandbild an. Diese Fragen können dir helfen: Welche Merkmale am Aussehen des Zauberers fallen dir zuerst auf? Welche Merkmale unterscheiden den Zauberer besonders von anderen Personen?

2. Beginne deine Personenbeschreibung mit den auffälligsten und wichtigsten Merkmalen. Beispiele: Größe, Geschlecht, besonders auffällige und ungewöhnliche Kleidungsstücke.

   Am Ende deines Textes beschreibst du Kleinigkeiten, die am wenigsten auffallen. Beispiele: Muster des Halstuchs, unauffälliger Schmuck etc.

KV 2 **Klasse 3 – Lernkrimi 11** Seite 43

Zweite Hilferunde zu „Wandbild auf der Flucht" – Tipps und Hinweise/Regeln

1. Notiere zuerst Stichwörter, wie die Person aussieht (wie Größe oder Alter).

   Schreibe dann etwas über die Kleidung der Person (von Kopf bis zu den Füßen).

   Schreibe zuletzt die Kleinigkeiten auf, die dir auffallen (wie Schmuck oder Narben).

2. Benutze möglichst abwechslungsreiche Adjektive, um den Zauberer zu beschreiben.

KV 2 **Klasse 3 – Lernkrimi 11** Seite 43

Dritte Hilferunde zu „Wandbild auf der Flucht" – Lösungen

1. Beispiele für Stichwörter: Zauberer, kleiner dicker Mann, Zylinder, Rabe auf der Schulter, gestreifte Jacke, weite Hose mit Sternenmuster, Schuhe mit gebogener Spitze, Schnurrbart, Brille, Locken, Schal, Handschuhe

2. Hier findet jedes Kind eine eigene Lösung.

Simon · Deutsch-Krimi 2/3 | 978-3-589-16942-9 | Illustrationen: Shutterstock.com/Sonya illustration (Fingerabdruck, Lupe); Shutterstock.com/Tobias Steinert (Hintergrund)

KV 2 **Klasse 3 – Lernkrimi 12** Seite 47–48

Erste Hilferunde zu „Die verschwundene Kamera" – Tipps und Hinweise

1. Ein Bild zeigt die Einleitung, zwei den Mittelteil und ein Bild zeigt den Schluss.
2. Die Diebe sind mit Serenas Kamera durch die Schule gelaufen und haben dabei Fotos gemacht.
3. Schau dir noch einmal die Fotos an. Überleg dir Antworten auf die Fragen: Wer? Wo? Wann? Was?
4. Was ist das Hauptthema der Geschichte? Das sollte in der Überschrift stehen.
5. Achte auf die Rechtschreibung: Hast du alles richtig geschrieben?
6. Schaue die Fotos noch einmal an und suche Hinweise auf die Diebe.

KV 2 **Klasse 3 – Lernkrimi 12** Seite 47–48

Zweite Hilferunde „Die verschwundene Kamera" – Tipps und Hinweise/Regeln

1. Überlege, was vor, zwischen und nach den Bildern passiert. Beginne mit dem Foto, das wahrscheinlich das erste ist, das die Diebe gemacht haben.
2. Schreibe die Orte auf, an denen die Diebe waren und was sie fotografiert haben.
3. Schreibe erst eine Einleitung. Darin steht, wer was wo macht.
4. Formuliere dann den Hauptteil. Darin geht die Geschichte voran und läuft auf einen Höhepunkt zu.
5. Schreibe den Schluss. Das ist das, was auf dem letzten Bild zu sehen ist.
6. Eine Überschrift sollte neugierig auf die Geschichte machen.
7. Prüfe, ob du deine Bildergeschichte in *einer* Erzählzeit geschrieben hast. Wechsle beispielsweise nicht von der Vergangenheitsform in die Gegenwart.
8. Lies die Krimi-Geschichte noch einmal und achte darauf, wie die Personen beschrieben werden.

KV 2 **Klasse 3 – Lernkrimi 12** Seite 47–48

Dritte Hilferunde zu „Die verschwundene Kamera" – Lösungen

1. Die richtige Reihenfolge der Fotos

Foto 1:

Foto 2:

(Fortsetzung Lösungen Lernkrimi 12 ► Seite 64)

Simon · Deutsch-Krimi 2/3 | 978-3-589-16942-9 | Illustrationen: Cornelsen/Liliane Oser; Shutterstock.com/Sonya illustration (Lupe); Shutterstock.com/Tobias Steinert (Hintergrund)

Foto 3:

Foto 4:

(2) Stichwörter zum Verlauf der Geschichte: Serenas Schulranzen, Tür der Toilette für die Jungen, Ärmel, im Toilettenraum, Spiegel in der Toilette, Haare, Waschbecken, spritzendes Wasser, nasse Pantoffeln

(3) Beispiel für die selbstgeschriebene Geschichte:

Einleitung: Die Diebe nehmen die Sofortbild-Kamera heimlich aus Serenas Schulranzen. Sie probieren die Kamera direkt aus und fotografieren den Schulranzen.

Hauptteil: Die Diebe rennen mit der Kamera durch die Schule. Sie wollen sich verstecken und nicht entdeckt werden. Sie denken, die Jungentoilette ist ein gutes Versteck. Beim Rennen machen sie aus Versehen ein Foto von der Toilettentür. Sie machen auch ein Foto von der Decke in der Toilette. Dabei fotografieren sie ein Stück einer Jacke und von Haaren.

Schluss: Die Jungen drehen das Wasser im Waschbecken so weit auf wie es geht. Sie werfen die Fotos, die sie gemacht haben, ins Waschbecken. Das Wasser spritzt wild zu allen Seiten. Es spritzt auch auf die Pantoffeln des Diebes.

(4) Bist du zufrieden mit deiner Überschrift?

(5) Gefällt dir deine Geschichte?

(6) Die Diebe sind Domi und Lennart. Sie verraten sich selbst durch die Fotos: Sie haben die nassen Dino-Pantoffeln von Domi, den gestreiften Ärmel von Lennart und die Locken fotografiert.

Simon · Deutsch-Krimi 2/3 | 978-3-589-16942-9 | Illustrationen: Cornelsen/Liliane Oser; Shutterstock.com/Sonya illustration (Lupe); Shutterstock.com/Tobias Steinert (Hintergrund)